D1336663

Nom du vin : _____

Cépage : _____

Appellation & Millésime : _____

Producteur ou négociant : _____

Pays : _____

Région : _____

Lieux & date d'achat : _____
_____

Prix : _____ Code : _____

Lieux & date de la dégustation : _____
_____

En compagnie de : _____
_____

Servi avec : _____
_____

Notes de dégustations : _____
_____
_____
_____

Nom du vin : _____

Cépage : _____

Appellation & Millésime : _____

Producteur ou négociant : _____

Pays : _____

Région : _____

Lieux & date d'achat : _____
_____

Prix : _____ Code : _____

Lieux & date de la dégustation : _____
_____

En compagnie de : _____
_____

Servi avec : _____
_____

Notes de dégustations : _____
_____
_____
_____
_____

Nom du vin : _____

Cépage : _____

Appellation & Millésime : _____

Producteur ou négociant : _____

Pays : _____

Région : _____

Lieux & date d'achat : _____
_____

Prix : _____ Code : _____

Lieux & date de la dégustation : _____
_____

En compagnie de : _____
_____

Servi avec : _____
_____

Notes de dégustations : _____
_____
_____
_____

Nom du vin : _____

Cépage : _____

Appellation & Millésime : _____

Producteur ou négociant : _____

Pays : _____

Région : _____

Lieux & date d'achat : _____
_____

Prix : _____ Code : _____

Lieux & date de la dégustation : _____
_____

En compagnie de : _____
_____

Servi avec : _____
_____

Notes de dégustations : _____
_____
_____
_____
_____

Nom du vin : _____

Cépage : _____

Appellation & Millésime : _____

Producteur ou négociant : _____

Pays : _____

Région : _____

Lieux & date d'achat : _____
_____

Prix : _____ Code : _____

Lieux & date de la dégustation : _____
_____

En compagnie de : _____
_____

Servi avec : _____
_____

Notes de dégustations : _____
_____
_____
_____
_____

Nom du vin : _____

Cépage : _____

Appellation & Millésime : _____

Producteur ou négociant : _____

Pays : _____

Région : _____

Lieux & date d'achat : _____

_____

Prix : _____ Code : _____

Lieux & date de la dégustation : _____

_____

En compagnie de : _____

_____

Servi avec : _____

_____

Notes de dégustations : _____

_____

_____

_____

_____

Nom du vin : _____

Cépage : _____

Appellation & Millésime : _____

Producteur ou négociant : _____

Pays : _____

Région : _____

Lieux & date d'achat : _____

_____

Prix : _____ Code : _____

Lieux & date de la dégustation : _____

_____

En compagnie de : _____

_____

Servi avec : _____

_____

Notes de dégustations : _____

_____

_____

_____

_____

Nom du vin : _____

Cépage : _____

Appellation & Millésime : _____

Producteur ou négociant : _____

Pays : _____

Région : _____

Lieux & date d'achat : _____
_____

Prix : _____ Code : _____

Lieux & date de la dégustation : _____
_____

En compagnie de : _____
_____

Servi avec : _____
_____

Notes de dégustations : _____
_____
_____
_____
_____

Nom du vin : _____

Cépage : _____

Appellation & Millésime : _____

Producteur ou négociant : _____

Pays : _____

Région : _____

Lieux & date d'achat : _____
_____

Prix : _____ Code : _____

Lieux & date de la dégustation : _____
_____

En compagnie de : _____
_____

Servi avec : _____
_____
_____

Notes de dégustations : _____
_____
_____
_____

Nom du vin : _____

Cépage : _____

Appellation & Millésime : _____

Producteur ou négociant : _____

Pays : _____

Région : _____

Lieux & date d'achat : _____
_____

Prix : _____ Code : _____

Lieux & date de la dégustation : _____
_____

En compagnie de : _____
_____

Servi avec : _____
_____

Notes de dégustations : _____
_____
_____
_____
_____

Nom du vin : _____

Cépage : _____

Appellation & Millésime : _____

Producteur ou négociant : _____

Pays : _____

Région : _____

Lieux & date d'achat : _____
_____

Prix : _____ Code : _____

Lieux & date de la dégustation : _____
_____

En compagnie de : _____
_____

Servi avec : _____
_____

Notes de dégustations : _____
_____
_____
_____

Nom du vin : _____

Cépage : _____

Appellation & Millésime : _____

Producteur ou négociant : _____

Pays : _____

Région : _____

Lieux & date d'achat : _____
_____

Prix : _____ Code : _____

Lieux & date de la dégustation : _____
_____

En compagnie de : _____
_____

Servi avec : _____
_____

Notes de dégustations : _____
_____
_____
_____
_____

Nom du vin : _____

Cépage : _____

Appellation & Millésime : _____

Producteur ou négociant : _____

Pays : _____

Région : _____

Lieux & date d'achat : _____
_____

Prix : _____ Code : _____

Lieux & date de la dégustation : _____
_____

En compagnie de : _____
_____

Servi avec : _____
_____

Notes de dégustations : _____
_____
_____
_____

Nom du vin : _____

Cépage : _____

Appellation & Millésime : _____

Producteur ou négociant : _____

Pays : _____

Région : _____

Lieux & date d'achat : _____
_____

Prix : _____ Code : _____

Lieux & date de la dégustation : _____
_____

En compagnie de : _____
_____

Servi avec : _____
_____

Notes de dégustations : _____
_____
_____
_____
_____

Nom du vin : _____

Cépage : _____

Appellation & Millésime : _____

Producteur ou négociant : _____

Pays : _____

Région : _____

Lieux & date d'achat : _____
_____

Prix : _____ Code : _____

Lieux & date de la dégustation : _____
_____

En compagnie de : _____
_____

Servi avec : _____
_____

Notes de dégustations : _____
_____
_____
_____

Nom du vin : _____

Cépage : _____

Appellation & Millésime : _____

Producteur ou négociant : _____

Pays : _____

Région : _____

Lieux & date d'achat : _____
_____

Prix : _____ Code : _____

Lieux & date de la dégustation : _____
_____

En compagnie de : _____
_____

Servi avec : _____
_____

Notes de dégustations : _____
_____
_____
_____

Nom du vin : _____

Cépage : _____

Appellation & Millésime : _____

Producteur ou négociant : _____

Pays : _____

Région : _____

Lieux & date d'achat : _____
_____

Prix : _____ Code : _____

Lieux & date de la dégustation : _____
_____

En compagnie de : _____
_____

Servi avec : _____
_____

Notes de dégustations : _____
_____
_____
_____
_____

Nom du vin : _____

Cépage : _____

Appellation & Millésime : _____

Producteur ou négociant : _____

Pays : _____

Région : _____

Lieux & date d'achat : _____

_____

Prix : _____ Code : _____

Lieux & date de la dégustation : _____

_____

En compagnie de : _____

_____

Servi avec : _____

_____

Notes de dégustations : _____

_____

_____

_____

Nom du vin : _____

Cépage : _____

Appellation & Millésime : _____

Producteur ou négociant : _____

Pays : _____

Région : _____

Lieux & date d'achat : _____

_____

Prix : _____ Code : _____

Lieux & date de la dégustation : _____

_____

En compagnie de : _____

_____

Servi avec : _____

_____

Notes de dégustations : _____

_____

_____

_____

Nom du vin : _____

Cépage : _____

Appellation & Millésime : _____

Producteur ou négociant : _____

Pays : _____

Région : _____

Lieux & date d'achat : _____
_____

Prix : _____ Code : _____

Lieux & date de la dégustation : _____
_____

En compagnie de : _____
_____

Servi avec : _____
_____

Notes de dégustations : _____
_____
_____
_____
_____

Nom du vin : _____

Cépage : _____

Appellation & Millésime : _____

Producteur ou négociant : _____

Pays : _____

Région : _____

Lieux & date d'achat : _____
_____

Prix : _____ Code : _____

Lieux & date de la dégustation : _____
_____

En compagnie de : _____
_____

Servi avec : _____
_____

Notes de dégustations : _____
_____
_____
_____

Nom du vin : _____

Cépage : _____

Appellation & Millésime : _____

Producteur ou négociant : _____

Pays : _____

Région : _____

Lieux & date d'achat : _____
_____

Prix : _____ Code : _____

Lieux & date de la dégustation : _____
_____

En compagnie de : _____
_____

Servi avec : _____
_____

Notes de dégustations : _____
_____
_____
_____
_____

Nom du vin : _____

Cépage : _____

Appellation & Millésime : _____

Producteur ou négociant : _____

Pays : _____

Région : _____

Lieux & date d'achat : _____
_____

Prix : _____ Code : _____

Lieux & date de la dégustation : _____
_____

En compagnie de : _____
_____

Servi avec : _____
_____

Notes de dégustations : _____
_____
_____
_____

Nom du vin : _____

Cépage : _____

Appellation & Millésime : _____

Producteur ou négociant : _____

Pays : _____

Région : _____

Lieux & date d'achat : _____
_____

Prix : _____ Code : _____

Lieux & date de la dégustation : _____
_____

En compagnie de : _____
_____

Servi avec : _____
_____

Notes de dégustations : _____
_____
_____
_____
_____

Nom du vin : _____

Cépage : _____

Appellation & Millésime : _____

Producteur ou négociant : _____

Pays : _____

Région : _____

Lieux & date d'achat : _____

_____

Prix : _____ Code : _____

Lieux & date de la dégustation : _____

_____

En compagnie de : _____

_____

Servi avec : _____

_____

Notes de dégustations : _____

_____

_____

_____

_____

Nom du vin : _____

Cépage : _____

Appellation & Millésime : _____

Producteur ou négociant : _____

Pays : _____

Région : _____

Lieux & date d'achat : _____
_____

Prix : _____ Code : _____

Lieux & date de la dégustation : _____
_____

En compagnie de : _____
_____

Servi avec : _____
_____

Notes de dégustations : _____
_____
_____
_____
_____

Nom du vin : _____

Cépage : _____

Appellation & Millésime : _____

Producteur ou négociant : _____

Pays : _____

Région : _____

Lieux & date d'achat : _____
_____

Prix : _____ Code : _____

Lieux & date de la dégustation : _____
_____

En compagnie de : _____
_____

Servi avec : _____
_____

Notes de dégustations : _____
_____
_____
_____

Nom du vin : _____

Cépage : _____

Appellation & Millésime : _____

Producteur ou négociant : _____

Pays : _____

Région : _____

Lieux & date d'achat : _____
_____

Prix : _____ Code : _____

Lieux & date de la dégustation : _____
_____

En compagnie de : _____
_____

Servi avec : _____
_____

Notes de dégustations : _____
_____
_____
_____
_____

Nom du vin : _____

Cépage : _____

Appellation & Millésime : _____

Producteur ou négociant : _____

Pays : _____

Région : _____

Lieux & date d'achat : _____
_____

Prix : _____ Code : _____

Lieux & date de la dégustation : _____
_____

En compagnie de : _____
_____

Servi avec : _____
_____

Notes de dégustations : _____
_____
_____
_____
_____

Nom du vin : _____

Cépage : _____

Appellation & Millésime : _____

Producteur ou négociant : _____

Pays : _____

Région : _____

Lieux & date d'achat : _____

_____

Prix : _____ Code : _____

Lieux & date de la dégustation : _____

_____

En compagnie de : _____

_____

Servi avec : _____

_____

Notes de dégustations : _____

_____

_____

_____

_____

Nom du vin : _____

Cépage : _____

Appellation & Millésime : _____

Producteur ou négociant : _____

Pays : _____

Région : _____

Lieux & date d'achat : _____

_____

Prix : _____ Code : _____

Lieux & date de la dégustation : _____

_____

En compagnie de : _____

_____

Servi avec : _____

_____

Notes de dégustations : _____

_____

_____

_____

Nom du vin : _____

Cépage : _____

Appellation & Millésime : _____

Producteur ou négociant : _____

Pays : _____

Région : _____

Lieux & date d'achat : _____

_____

Prix : _____ Code : _____

Lieux & date de la dégustation : _____

_____

En compagnie de : _____

_____

Servi avec : _____

_____

Notes de dégustations : _____

_____

_____

_____

_____

Nom du vin : _____

Cépage : _____

Appellation & Millésime : _____

Producteur ou négociant : _____

Pays : _____

Région : _____

Lieux & date d'achat : _____
_____

Prix : _____ Code : _____

Lieux & date de la dégustation : _____
_____

En compagnie de : _____
_____

Servi avec : _____
_____

Notes de dégustations : _____
_____
_____
_____

Nom du vin : _____

Cépage : _____

Appellation & Millésime : _____

Producteur ou négociant : _____

Pays : _____

Région : _____

Lieux & date d'achat : _____
_____

Prix : _____ Code : _____

Lieux & date de la dégustation : _____
_____

En compagnie de : _____
_____

Servi avec : _____
_____

Notes de dégustations : _____
_____
_____
_____

Nom du vin : _____

Cépage : _____

Appellation & Millésime : _____

Producteur ou négociant : _____

Pays : _____

Région : _____

Lieux & date d'achat : _____
_____

Prix : _____ Code : _____

Lieux & date de la dégustation : _____
_____

En compagnie de : _____
_____

Servi avec : _____
_____

Notes de dégustations : _____
_____
_____
_____

Nom du vin : _____

Cépage : _____

Appellation & Millésime : _____

Producteur ou négociant : _____

Pays : _____

Région : _____

Lieux & date d'achat : _____

_____

Prix : _____ Code : _____

Lieux & date de la dégustation : _____

_____

En compagnie de : _____

_____

Servi avec : _____

_____

Notes de dégustations : _____

_____

_____

_____

_____

Nom du vin : _____

Cépage : _____

Appellation & Millésime : _____

Producteur ou négociant : _____

Pays : _____

Région : _____

Lieux & date d'achat : _____

_____

Prix : _____ Code : _____

Lieux & date de la dégustation : _____

_____

En compagnie de : _____

_____

Servi avec : _____

_____

Notes de dégustations : _____

_____

_____

_____

Nom du vin : _____

Cépage : _____

Appellation & Millésime : _____

Producteur ou négociant : _____

Pays : _____

Région : _____

Lieux & date d'achat : _____
_____

Prix : _____ Code : _____

Lieux & date de la dégustation : _____
_____

En compagnie de : _____
_____

Servi avec : _____
_____

Notes de dégustations : _____
_____
_____
_____
_____

Nom du vin : _____

Cépage : _____

Appellation & Millésime : _____

Producteur ou négociant : _____

Pays : _____

Région : _____

Lieux & date d'achat : _____
_____

Prix : _____ Code : _____

Lieux & date de la dégustation : _____
_____

En compagnie de : _____
_____

Servi avec : _____
_____

Notes de dégustations : _____
_____
_____
_____

Nom du vin : _____

Cépage : _____

Appellation & Millésime : _____

Producteur ou négociant : _____

Pays : _____

Région : _____

Lieux & date d'achat : _____
_____

Prix : _____ Code : _____

Lieux & date de la dégustation : _____
_____

En compagnie de : _____
_____

Servi avec : _____
_____

Notes de dégustations : _____
_____
_____
_____
_____

Nom du vin : _____

Cépage : _____

Appellation & Millésime : _____

Producteur ou négociant : _____

Pays : _____

Région : _____

Lieux & date d'achat : _____
_____

Prix : _____ Code : _____

Lieux & date de la dégustation : _____
_____

En compagnie de : _____
_____

Servi avec : _____
_____

Notes de dégustations : _____
_____
_____
_____

Nom du vin : _____

Cépage : _____

Appellation & Millésime : _____

Producteur ou négociant : _____

Pays : _____

Région : _____

Lieux & date d'achat : _____
_____

Prix : _____ Code : _____

Lieux & date de la dégustation : _____
_____

En compagnie de : _____
_____

Servi avec : _____
_____

Notes de dégustations : _____
_____
_____
_____
_____

Nom du vin : _____

Cépage :_____

Appellation & Millésime : _____

Producteur ou négociant : _____

Pays :_____

Région : _____

Lieux & date d'achat : _____
_____

Prix :_____ Code : _____

Lieux & date de la dégustation :_____
_____

En compagnie de : _____
_____

Servi avec : _____
_____

Notes de dégustations : _____
_____
_____
_____

Nom du vin : _____

Cépage : _____

Appellation & Millésime : _____

Producteur ou négociant : _____

Pays : _____

Région : _____

Lieux & date d'achat : _____
_____

Prix : _____ Code : _____

Lieux & date de la dégustation : _____
_____

En compagnie de : _____
_____

Servi avec : _____
_____

Notes de dégustations : _____
_____
_____
_____
_____

Nom du vin : _____

Cépage : _____

Appellation & Millésime : _____

Producteur ou négociant : _____

Pays : _____

Région : _____

Lieux & date d'achat : _____
_____

Prix : _____ Code : _____

Lieux & date de la dégustation : _____
_____

En compagnie de : _____
_____

Servi avec : _____
_____

Notes de dégustations : _____
_____
_____
_____

Nom du vin : _____

Cépage : _____

Appellation & Millésime : _____

Producteur ou négociant : _____

Pays : _____

Région : _____

Lieux & date d'achat : _____

_____

Prix : _____ Code : _____

Lieux & date de la dégustation : _____

_____

En compagnie de : _____

_____

Servi avec : _____

_____

Notes de dégustations : _____

_____

_____

_____

_____

Nom du vin : _____

Cépage : _____

Appellation & Millésime : _____

Producteur ou négociant : _____

Pays : _____

Région : _____

Lieux & date d'achat : _____
_____

Prix : _____ Code : _____

Lieux & date de la dégustation : _____
_____

En compagnie de : _____
_____

Servi avec : _____
_____

Notes de dégustations : _____
_____
_____
_____

Nom du vin : _____

Cépage : _____

Appellation & Millésime : _____

Producteur ou négociant : _____

Pays : _____

Région : _____

Lieux & date d'achat : _____
_____

Prix : _____ Code : _____

Lieux & date de la dégustation : _____
_____

En compagnie de : _____
_____

Servi avec : _____
_____

Notes de dégustations : _____
_____
_____
_____
_____

Nom du vin : _____

Cépage : _____

Appellation & Millésime : _____

Producteur ou négociant : _____

Pays : _____

Région : _____

Lieux & date d'achat : _____
_____

Prix : _____ Code : _____

Lieux & date de la dégustation : _____
_____

En compagnie de : _____
_____

Servi avec : _____
_____

Notes de dégustations : _____
_____
_____
_____
_____

Nom du vin : _____

Cépage : _____

Appellation & Millésime : _____

Producteur ou négociant : _____

Pays : _____

Région : _____

Lieux & date d'achat : _____
_____

Prix : _____ Code : _____

Lieux & date de la dégustation : _____
_____

En compagnie de : _____
_____

Servi avec : _____
_____

Notes de dégustations : _____
_____
_____
_____

Nom du vin : _____

Cépage : _____

Appellation & Millésime : _____

Producteur ou négociant : _____

Pays : _____

Région : _____

Lieux & date d'achat : _____

_____

Prix : _____ Code : _____

Lieux & date de la dégustation : _____

_____

En compagnie de : _____

_____

Servi avec : _____

_____

Notes de dégustations : _____

_____

_____

_____

Nom du vin : _____

Cépage : _____

Appellation & Millésime : _____

Producteur ou négociant : _____

Pays : _____

Région : _____

Lieux & date d'achat : _____

_____

Prix : _____ Code : _____

Lieux & date de la dégustation : _____

_____

En compagnie de : _____

_____

Servi avec : _____

_____

Notes de dégustations : _____

_____

_____

_____

_____

Nom du vin : _____

Cépage : _____

Appellation & Millésime : _____

Producteur ou négociant : _____

Pays : _____

Région : _____

Lieux & date d'achat : _____
_____

Prix : _____ Code : _____

Lieux & date de la dégustation : _____
_____

En compagnie de : _____
_____

Servi avec : _____
_____
_____

Notes de dégustations : _____
_____
_____
_____

Nom du vin : _____

Cépage : _____

Appellation & Millésime : _____

Producteur ou négociant : _____

Pays : _____

Région : _____

Lieux & date d'achat : _____
_____

Prix : _____ Code : _____

Lieux & date de la dégustation : _____
_____

En compagnie de : _____
_____

Servi avec : _____
_____

Notes de dégustations : _____
_____
_____
_____
_____

Nom du vin : _____

Cépage : _____

Appellation & Millésime : _____

Producteur ou négociant : _____

Pays : _____

Région : _____

Lieux & date d'achat : _____
_____

Prix : _____ Code : _____

Lieux & date de la dégustation : _____
_____

En compagnie de : _____
_____

Servi avec : _____
_____

Notes de dégustations : _____
_____
_____
_____

Nom du vin : _____

Cépage : _____

Appellation & Millésime : _____

Producteur ou négociant : _____

Pays : _____

Région : _____

Lieux & date d'achat : _____
_____

Prix : _____ Code : _____

Lieux & date de la dégustation : _____
_____

En compagnie de : _____
_____

Servi avec : _____
_____

Notes de dégustations : _____
_____
_____
_____

Nom du vin : _____

Cépage : _____

Appellation & Millésime : _____

Producteur ou négociant : _____

Pays : _____

Région : _____

Lieux & date d'achat : _____

_____

Prix : _____ Code : _____

Lieux & date de la dégustation : _____

_____

En compagnie de : _____

_____

Servi avec : _____

_____

Notes de dégustations : _____

_____

_____

_____

_____

Nom du vin : _____

Cépage : _____

Appellation & Millésime : _____

Producteur ou négociant : _____

Pays : _____

Région : _____

Lieux & date d'achat : _____
_____

Prix : _____ Code : _____

Lieux & date de la dégustation : _____
_____

En compagnie de : _____
_____

Servi avec : _____
_____

Notes de dégustations : _____
_____
_____
_____
_____

Nom du vin : _____

Cépage : _____

Appellation & Millésime : _____

Producteur ou négociant : _____

Pays : _____

Région : _____

Lieux & date d'achat : _____

_____

Prix : _____ Code : _____

Lieux & date de la dégustation : _____

_____

En compagnie de : _____

_____

Servi avec : _____

_____

Notes de dégustations : _____

_____

_____

_____

_____

Nom du vin : _____

Cépage : _____

Appellation & Millésime : _____

Producteur ou négociant : _____

Pays : _____

Région : _____

Lieux & date d'achat : _____

_____

Prix : _____ Code : _____

Lieux & date de la dégustation : _____

_____

En compagnie de : _____

_____

Servi avec : _____

_____

Notes de dégustations : _____

_____

_____

_____

Nom du vin : _____

Cépage : _____

Appellation & Millésime : _____

Producteur ou négociant : _____

Pays : _____

Région : _____

Lieux & date d'achat : _____
_____

Prix : _____ Code : _____

Lieux & date de la dégustation : _____
_____

En compagnie de : _____
_____

Servi avec : _____
_____

Notes de dégustations : _____
_____
_____
_____

Nom du vin : _____

Cépage : _____

Appellation & Millésime : _____

Producteur ou négociant : _____

Pays : _____

Région : _____

Lieux & date d'achat : _____
_____

Prix : _____ Code : _____

Lieux & date de la dégustation : _____
_____

En compagnie de : _____
_____

Servi avec : _____
_____

Notes de dégustations : _____
_____
_____
_____
_____

Nom du vin : _____

Cépage : _____

Appellation & Millésime : _____

Producteur ou négociant : _____

Pays : _____

Région : _____

Lieux & date d'achat : _____

_____

Prix : _____ Code : _____

Lieux & date de la dégustation : _____

_____

En compagnie de : _____

_____

Servi avec : _____

_____

Notes de dégustations : _____

_____

_____

_____

_____

Nom du vin : _____

Cépage : _____

Appellation & Millésime : _____

Producteur ou négociant : _____

Pays : _____

Région : _____

Lieux & date d'achat : _____
_____

Prix : _____   Code : _____

Lieux & date de la dégustation : _____
_____

En compagnie de : _____
_____

Servi avec : _____
_____

Notes de dégustations : _____
_____
_____
_____
_____

Nom du vin : _____

Cépage : _____

Appellation & Millésime : _____

Producteur ou négociant : _____

Pays : _____

Région : _____

Lieux & date d'achat : _____
_____

Prix : _____ Code : _____

Lieux & date de la dégustation : _____
_____

En compagnie de : _____
_____

Servi avec : _____
_____

Notes de dégustations : _____
_____
_____
_____

Nom du vin : _____

Cépage : _____

Appellation & Millésime : _____

Producteur ou négociant : _____

Pays : _____

Région : _____

Lieux & date d'achat : _____
_____

Prix : _____ Code : _____

Lieux & date de la dégustation : _____
_____

En compagnie de : _____
_____

Servi avec : _____
_____

Notes de dégustations : _____
_____
_____
_____
_____

Nom du vin : _____

Cépage : _____

Appellation & Millésime : _____

Producteur ou négociant : _____

Pays : _____

Région : _____

Lieux & date d'achat : _____

_____

Prix : _____   Code : _____

Lieux & date de la dégustation : _____

_____

En compagnie de : _____

_____

Servi avec : _____

_____

Notes de dégustations : _____

_____

_____

_____

Nom du vin : _____

Cépage : _____

Appellation & Millésime : _____

Producteur ou négociant : _____

Pays : _____

Région : _____

Lieux & date d'achat : _____
_____

Prix : _____ Code : _____

Lieux & date de la dégustation : _____
_____

En compagnie de : _____
_____

Servi avec : _____
_____

Notes de dégustations : _____
_____
_____
_____

Nom du vin : _____

Cépage : _____

Appellation & Millésime : _____

Producteur ou négociant : _____

Pays : _____

Région : _____

Lieux & date d'achat : _____

_____

Prix : _____ Code : _____

Lieux & date de la dégustation : _____

_____

En compagnie de : _____

_____

Servi avec : _____

_____

Notes de dégustations : _____

_____

_____

_____

Nom du vin : _____

Cépage : _____

Appellation & Millésime : _____

Producteur ou négociant : _____

Pays : _____

Région : _____

Lieux & date d'achat : _____
_____

Prix : _____ Code : _____

Lieux & date de la dégustation : _____
_____

En compagnie de : _____
_____

Servi avec : _____
_____

Notes de dégustations : _____
_____
_____
_____
_____

Nom du vin : _____

Cépage : _____

Appellation & Millésime : _____

Producteur ou négociant : _____

Pays : _____

Région : _____

Lieux & date d'achat : _____

_____

Prix : _____ Code : _____

Lieux & date de la dégustation : _____

_____

En compagnie de : _____

_____

Servi avec : _____

_____

_____

Notes de dégustations : _____

_____

_____

_____

_____

Nom du vin : _____

Cépage : _____

Appellation & Millésime : _____

Producteur ou négociant : _____

Pays : _____

Région : _____

Lieux & date d'achat : _____
_____

Prix : _____ Code : _____

Lieux & date de la dégustation : _____
_____

En compagnie de : _____
_____

Servi avec : _____
_____

Notes de dégustations : _____
_____
_____
_____
_____

Nom du vin : _____

Cépage : _____

Appellation & Millésime : _____

Producteur ou négociant : _____

Pays : _____

Région : _____

Lieux & date d'achat : _____

_____

Prix : _____ Code : _____

Lieux & date de la dégustation : _____

_____

En compagnie de : _____

_____

Servi avec : _____

_____

Notes de dégustations : _____

_____

_____

_____

Nom du vin : _____

Cépage : _____

Appellation & Millésime : _____

Producteur ou négociant : _____

Pays : _____

Région : _____

Lieux & date d'achat : _____

_____

Prix : _____   Code : _____

Lieux & date de la dégustation : _____

_____

En compagnie de : _____

_____

Servi avec : _____

_____

Notes de dégustations : _____

_____

_____

_____

_____

Nom du vin : _____

Cépage : _____

Appellation & Millésime : _____

Producteur ou négociant : _____

Pays : _____

Région : _____

Lieux & date d'achat : _____
_____

Prix : _____ Code : _____

Lieux & date de la dégustation : _____
_____

En compagnie de : _____
_____

Servi avec : _____
_____

Notes de dégustations : _____
_____
_____
_____

Nom du vin : _____

Cépage : _____

Appellation & Millésime : _____

Producteur ou négociant : _____

Pays : _____

Région : _____

Lieux & date d'achat : _____
_____

Prix : _____ Code : _____

Lieux & date de la dégustation : _____
_____

En compagnie de : _____
_____

Servi avec : _____
_____

Notes de dégustations : _____
_____
_____
_____
_____

Nom du vin : _____

Cépage : _____

Appellation & Millésime : _____

Producteur ou négociant : _____

Pays : _____

Région : _____

Lieux & date d'achat : _____

_____

Prix : _____ Code : _____

Lieux & date de la dégustation : _____

_____

En compagnie de : _____

_____

Servi avec : _____

_____

Notes de dégustations : _____

_____

_____

_____

Nom du vin : _____

Cépage : _____

Appellation & Millésime : _____

Producteur ou négociant : _____

Pays : _____

Région : _____

Lieux & date d'achat : _____
_____

Prix : _____ Code : _____

Lieux & date de la dégustation : _____
_____

En compagnie de : _____
_____

Servi avec : _____
_____

Notes de dégustations : _____
_____
_____
_____
_____

Nom du vin : _____

Cépage : _____

Appellation & Millésime : _____

Producteur ou négociant : _____

Pays : _____

Région : _____

Lieux & date d'achat : _____

_____

Prix : _____ Code : _____

Lieux & date de la dégustation : _____

_____

En compagnie de : _____

_____

Servi avec : _____

_____

Notes de dégustations : _____

_____

_____

_____

Nom du vin : _____

Cépage : _____

Appellation & Millésime : _____

Producteur ou négociant : _____

Pays : _____

Région : _____

Lieux & date d'achat : _____

_____

Prix : _____ Code : _____

Lieux & date de la dégustation : _____

_____

En compagnie de : _____

_____

Servi avec : _____

_____

Notes de dégustations : _____

_____

_____

_____

_____

Nom du vin : _____

Cépage : _____

Appellation & Millésime : _____

Producteur ou négociant : _____

Pays : _____

Région : _____

Lieux & date d'achat : _____
_____

Prix : _____   Code : _____

Lieux & date de la dégustation : _____
_____

En compagnie de : _____
_____

Servi avec : _____
_____

Notes de dégustations : _____
_____
_____
_____

Nom du vin : _____

Cépage : _____

Appellation & Millésime : _____

Producteur ou négociant : _____

Pays : _____

Région : _____

Lieux & date d'achat : _____
_____

Prix : _____ Code : _____

Lieux & date de la dégustation : _____
_____

En compagnie de : _____
_____

Servi avec : _____
_____

Notes de dégustations : _____
_____
_____
_____

Nom du vin : _____

Cépage : _____

Appellation & Millésime : _____

Producteur ou négociant : _____

Pays : _____

Région : _____

Lieux & date d'achat : _____
_____

Prix : _____ Code : _____

Lieux & date de la dégustation : _____
_____

En compagnie de : _____
_____

Servi avec : _____
_____
_____

Notes de dégustations : _____
_____
_____
_____

Nom du vin : _____

Cépage : _____

Appellation & Millésime : _____

Producteur ou négociant : _____

Pays : _____

Région : _____

Lieux & date d'achat : _____
_____

Prix : _____ Code : _____

Lieux & date de la dégustation : _____
_____

En compagnie de : _____
_____

Servi avec : _____
_____

Notes de dégustations : _____
_____
_____
_____
_____

Nom du vin : _____

Cépage : _____

Appellation & Millésime : _____

Producteur ou négociant : _____

Pays : _____

Région : _____

Lieux & date d'achat : _____

_____

Prix : _____ Code : _____

Lieux & date de la dégustation : _____

_____

En compagnie de : _____

_____

Servi avec : _____

_____

Notes de dégustations : _____

_____

_____

_____

Nom du vin : _____

Cépage : _____

Appellation & Millésime : _____

Producteur ou négociant : _____

Pays : _____

Région : _____

Lieux & date d'achat : _____
_____

Prix : _____ Code : _____

Lieux & date de la dégustation : _____
_____

En compagnie de : _____
_____

Servi avec : _____
_____

Notes de dégustations : _____
_____
_____
_____
_____

Nom du vin : _____

Cépage : _____

Appellation & Millésime : _____

Producteur ou négociant : _____

Pays : _____

Région : _____

Lieux & date d'achat : _____
_____

Prix : _____ Code : _____

Lieux & date de la dégustation : _____
_____

En compagnie de : _____
_____

Servi avec : _____
_____

Notes de dégustations : _____
_____
_____
_____

Nom du vin : _____

Cépage : _____

Appellation & Millésime : _____

Producteur ou négociant : _____

Pays : _____

Région : _____

Lieux & date d'achat : _____
_____

Prix : _____ Code : _____

Lieux & date de la dégustation : _____
_____

En compagnie de : _____
_____

Servi avec : _____
_____

Notes de dégustations : _____
_____
_____
_____
_____

Nom du vin : _____

Cépage : _____

Appellation & Millésime : _____

Producteur ou négociant : _____

Pays : _____

Région : _____

Lieux & date d'achat : _____

_____

Prix : _____ Code : _____

Lieux & date de la dégustation : _____

_____

En compagnie de : _____

_____

Servi avec : _____

_____

Notes de dégustations : _____

_____

_____

_____

Nom du vin : _____

Cépage : _____

Appellation & Millésime : _____

Producteur ou négociant : _____

Pays : _____

Région : _____

Lieux & date d'achat : _____
_____

Prix : _____ Code : _____

Lieux & date de la dégustation : _____
_____

En compagnie de : _____
_____

Servi avec : _____
_____

Notes de dégustations : _____
_____
_____
_____
_____

Nom du vin : _____

Cépage : _____

Appellation & Millésime : _____

Producteur ou négociant : _____

Pays : _____

Région : _____

Lieux & date d'achat : _____

_____

Prix : _____ Code : _____

Lieux & date de la dégustation : _____

_____

En compagnie de : _____

_____

Servi avec : _____

_____

Notes de dégustations : _____

_____

_____

_____

Nom du vin : _____

Cépage : _____

Appellation & Millésime : _____

Producteur ou négociant : _____

Pays : _____

Région : _____

Lieux & date d'achat : _____

_____

Prix : _____   Code : _____

Lieux & date de la dégustation : _____

_____

En compagnie de : _____

_____

Servi avec : _____

_____

Notes de dégustations : _____

_____

_____

_____

Nom du vin : _____

Cépage : _____

Appellation & Millésime : _____

Producteur ou négociant : _____

Pays : _____

Région : _____

Lieux & date d'achat : _____
_____

Prix : _____ Code : _____

Lieux & date de la dégustation : _____
_____

En compagnie de : _____
_____

Servi avec : _____
_____

Notes de dégustations : _____
_____
_____
_____
_____

Nom du vin : _____

Cépage : _____

Appellation & Millésime : _____

Producteur ou négociant : _____

Pays : _____

Région : _____

Lieux & date d'achat : _____

_____

Prix : _____ Code : _____

Lieux & date de la dégustation : _____

_____

En compagnie de : _____

_____

Servi avec : _____

_____

Notes de dégustations : _____

_____

_____

_____

Nom du vin : _____

Cépage : _____

Appellation & Millésime : _____

Producteur ou négociant : _____

Pays : _____

Région : _____

Lieux & date d'achat : _____

_____

Prix : _____ Code : _____

Lieux & date de la dégustation : _____

_____

En compagnie de : _____

_____

Servi avec : _____

_____

Notes de dégustations : _____

_____

_____

_____

Nom du vin : _____

Cépage : _____

Appellation & Millésime : _____

Producteur ou négociant : _____

Pays : _____

Région : _____

Lieux & date d'achat : _____
_____

Prix : _____ Code : _____

Lieux & date de la dégustation : _____
_____

En compagnie de : _____
_____

Servi avec : _____
_____

Notes de dégustations : _____
_____
_____
_____
_____

Nom du vin : _____

Cépage : _____

Appellation & Millésime : _____

Producteur ou négociant : _____

Pays : _____

Région : _____

Lieux & date d'achat : _____

_____

Prix : _____ Code : _____

Lieux & date de la dégustation : _____

_____

En compagnie de : _____

_____

Servi avec : _____

_____

Notes de dégustations : _____

_____

_____

_____

Nom du vin : _____

Cépage : _____

Appellation & Millésime : _____

Producteur ou négociant : _____

Pays : _____

Région : _____

Lieux & date d'achat : _____
_____

Prix : _____ Code : _____

Lieux & date de la dégustation : _____
_____

En compagnie de : _____
_____

Servi avec : _____
_____

Notes de dégustations : _____
_____
_____
_____
_____

Nom du vin : _____

Cépage : _____

Appellation & Millésime : _____

Producteur ou négociant : _____

Pays : _____

Région : _____

Lieux & date d'achat : _____
_____

Prix : _____ Code : _____

Lieux & date de la dégustation : _____
_____

En compagnie de : _____
_____

Servi avec : _____
_____

Notes de dégustations : _____
_____
_____
_____
_____

Nom du vin : _____

Cépage : _____

Appellation & Millésime : _____

Producteur ou négociant : _____

Pays : _____

Région : _____

Lieux & date d'achat : _____
_____

Prix : _____ Code : _____

Lieux & date de la dégustation : _____
_____

En compagnie de : _____
_____

Servi avec : _____
_____

Notes de dégustations : _____
_____
_____
_____
_____

Nom du vin : _____

Cépage : _____

Appellation & Millésime : _____

Producteur ou négociant : _____

Pays : _____

Région : _____

Lieux & date d'achat : _____

_____

Prix : _____ Code : _____

Lieux & date de la dégustation : _____

_____

En compagnie de : _____

_____

Servi avec : _____

_____

Notes de dégustations : _____

_____

_____

_____

Nom du vin : _____

Cépage : _____

Appellation & Millésime : _____

Producteur ou négociant : _____

Pays : _____

Région : _____

Lieux & date d'achat : _____

_____

Prix : _____ Code : _____

Lieux & date de la dégustation : _____

_____

En compagnie de : _____

_____

Servi avec : _____

_____

Notes de dégustations : _____

_____

_____

_____

_____

Nom du vin : _____

Cépage : _____

Appellation & Millésime : _____

Producteur ou négociant : _____

Pays : _____

Région : _____

Lieux & date d'achat : _____
_____

Prix : _____ Code : _____

Lieux & date de la dégustation : _____
_____

En compagnie de : _____
_____

Servi avec : _____
_____

Notes de dégustations : _____
_____
_____
_____
_____

Nom du vin : _____

Cépage : _____

Appellation & Millésime : _____

Producteur ou négociant : _____

Pays : _____

Région : _____

Lieux & date d'achat : _____
_____

Prix :_____ Code :_____

Lieux & date de la dégustation :_____

En compagnie de : _____
_____

Servi avec : _____
_____

Notes de dégustations : _____
_____
_____
_____

Nom du vin : _____

Cépage : _____

Appellation & Millésime : _____

Producteur ou négociant : _____

Pays : _____

Région : _____

Lieux & date d'achat : _____

_____

Prix : _____ Code : _____

Lieux & date de la dégustation : _____

_____

En compagnie de : _____

_____

Servi avec : _____

_____

Notes de dégustations : _____

_____

_____

_____

Nom du vin : _____

Cépage : _____

Appellation & Millésime : _____

Producteur ou négociant : _____

Pays : _____

Région : _____

Lieux & date d'achat : _____
_____

Prix : _____ Code : _____

Lieux & date de la dégustation : _____
_____

En compagnie de : _____
_____

Servi avec : _____
_____

Notes de dégustations : _____
_____
_____
_____
_____

Nom du vin : _____

Cépage : _____

Appellation & Millésime : _____

Producteur ou négociant : _____

Pays : _____

Région : _____

Lieux & date d'achat : _____

_____

Prix : _____ Code : _____

Lieux & date de la dégustation : _____

_____

En compagnie de : _____

_____

Servi avec : _____

_____

Notes de dégustations : _____

_____

_____

_____

Nom du vin : _____

Cépage : _____

Appellation & Millésime : _____

Producteur ou négociant : _____

Pays : _____

Région : _____

Lieux & date d'achat : _____

_____

Prix : _____   Code : _____

Lieux & date de la dégustation : _____

_____

En compagnie de : _____

_____

Servi avec : _____

_____

Notes de dégustations : _____

_____

_____

_____

_____

Nom du vin : _____

Cépage : _____

Appellation & Millésime : _____

Producteur ou négociant : _____

Pays : _____

Région : _____

Lieux & date d'achat : _____

_____

Prix : _____ Code : _____

Lieux & date de la dégustation : _____

_____

En compagnie de : _____

_____

Servi avec : _____

_____

Notes de dégustations : _____

_____

_____

_____

_____

Nom du vin : _____

Cépage : _____

Appellation & Millésime : _____

Producteur ou négociant : _____

Pays : _____

Région : _____

Lieux & date d'achat : _____

_____

Prix : _____   Code : _____

Lieux & date de la dégustation : _____

_____

En compagnie de : _____

_____

Servi avec : _____

_____

Notes de dégustations : _____

_____

_____

_____

_____

Nom du vin : _____

Cépage : _____

Appellation & Millésime : _____

Producteur ou négociant : _____

Pays : _____

Région : _____

Lieux & date d'achat : _____
_____

Prix : _____   Code : _____

Lieux & date de la dégustation : _____
_____

En compagnie de : _____
_____

Servi avec : _____
_____

Notes de dégustations : _____
_____
_____
_____

Nom du vin : _____

Cépage : _____

Appellation & Millésime : _____

Producteur ou négociant : _____

Pays : _____

Région : _____

Lieux & date d'achat : _____
_____

Prix : _____   Code : _____

Lieux & date de la dégustation : _____
_____

En compagnie de : _____
_____

Servi avec : _____
_____

Notes de dégustations : _____
_____
_____
_____
_____

Nom du vin : _____

Cépage : _____

Appellation & Millésime : _____

Producteur ou négociant : _____

Pays : _____

Région : _____

Lieux & date d'achat : _____
_____

Prix : _____   Code : _____

Lieux & date de la dégustation : _____
_____

En compagnie de : _____
_____

Servi avec : _____
_____

Notes de dégustations : _____
_____
_____
_____
_____

Nom du vin : _____

Cépage : _____

Appellation & Millésime : _____

Producteur ou négociant : _____

Pays : _____

Région : _____

Lieux & date d'achat : _____
_____

Prix : _____ Code : _____

Lieux & date de la dégustation : _____
_____

En compagnie de : _____
_____

Servi avec : _____
_____

Notes de dégustations : _____
_____
_____
_____
_____

Nom du vin : _____

Cépage : _____

Appellation & Millésime : _____

Producteur ou négociant : _____

Pays : _____

Région : _____

Lieux & date d'achat : _____

_____

Prix : _____   Code : _____

Lieux & date de la dégustation : _____

_____

En compagnie de : _____

_____

Servi avec : _____

_____

Notes de dégustations : _____

_____

_____

_____

_____

Nom du vin : _____

Cépage : _____

Appellation & Millésime : _____

Producteur ou négociant : _____

Pays : _____

Région : _____

Lieux & date d'achat : _____
_____

Prix : _____ Code : _____

Lieux & date de la dégustation : _____
_____

En compagnie de : _____
_____

Servi avec : _____
_____

Notes de dégustations : _____
_____
_____
_____
_____

Nom du vin : _____

Cépage : _____

Appellation & Millésime : _____

Producteur ou négociant : _____

Pays : _____

Région : _____

Lieux & date d'achat : _____
_____

Prix : _____   Code : _____

Lieux & date de la dégustation : _____
_____

En compagnie de : _____
_____

Servi avec : _____
_____

Notes de dégustations : _____
_____
_____
_____

Nom du vin : _____

Cépage : _____

Appellation & Millésime : _____

Producteur ou négociant : _____

Pays : _____

Région : _____

Lieux & date d'achat : _____
_____

Prix : _____ Code : _____

Lieux & date de la dégustation : _____
_____

En compagnie de : _____
_____

Servi avec : _____
_____

Notes de dégustations : _____
_____
_____
_____

Nom du vin : _____

Cépage : _____

Appellation & Millésime : _____

Producteur ou négociant : _____

Pays : _____

Région : _____

Lieux & date d'achat : _____
_____

Prix : _____ Code : _____

Lieux & date de la dégustation : _____
_____

En compagnie de : _____
_____

Servi avec : _____
_____

Notes de dégustations : _____
_____
_____
_____

Nom du vin : _____

Cépage : _____

Appellation & Millésime : _____

Producteur ou négociant : _____

Pays : _____

Région : _____

Lieux & date d'achat : _____
_____

Prix : _____ Code : _____

Lieux & date de la dégustation : _____
_____

En compagnie de : _____
_____

Servi avec : _____
_____

Notes de dégustations : _____
_____
_____
_____
_____

Nom du vin : _____

Cépage : _____

Appellation & Millésime : _____

Producteur ou négociant : _____

Pays : _____

Région : _____

Lieux & date d'achat : _____

_____

Prix : _____ Code : _____

Lieux & date de la dégustation : _____

_____

En compagnie de : _____

_____

Servi avec : _____

_____

Notes de dégustations : _____

_____

_____

_____

Nom du vin : _____

Cépage : _____

Appellation & Millésime : _____

Producteur ou négociant : _____

Pays : _____

Région : _____

Lieux & date d'achat : _____
_____

Prix : _____ Code : _____

Lieux & date de la dégustation : _____
_____

En compagnie de : _____
_____

Servi avec : _____
_____

Notes de dégustations : _____
_____
_____
_____